LES

PEINTURES MURALES

DE L'ANCIENNE CHARTREUSE

DE SAINTE-CROIX-EN-JAREZ (LOIRE)

PAR

A. VACHEZ

Associé correspondant national de la Société des Antiquaires
de France.

Extrait des *Mémoires de la Société nationale des Antiquaires
de France*, tome LVIII.

PARIS

1899

LES

PEINTURES MURALES

DE L'ANCIENNE CHARTREUSE

DE SAINTE-CROIX-EN-JAREZ (LOIRE).

Par M. A. VACHEZ, associé correspondant national.

I.

Chaque année, la Société de la Diana de Montbrison organise des excursions archéologiques, signalées presque toujours par des découvertes d'un grand intérêt. Mais aucune de ces excursions n'a eu des résultats plus intéressants que celle qui fut faite, le 5 août 1896, dans l'ancienne Chartreuse de Sainte-Croix-en-Jarez, située dans une vallée du Mont-Pilat, à deux lieues au midi de la ville de Rive-de-Gier (Loire).

C'est, en effet, dans cette visite que furent découvertes, à la fois, l'épitaphe de Thibaud de Vassalieu, archidiacre de l'église de Lyon, mort en 1327, et les peintures murales qui ornaient sa sépulture dans le chœur de l'ancienne église de ce monastère, et qui ont été exécutées pendant la courte période comprise entre la date de la mort de ce personnage et l'année 1340.

Fondée, en 1280, par Béatrix de la Tour-du-Pin, veuve de Guillaume de Roussillon, mort en Palestine, où il commandait un corps de troupes envoyé, en 1275, au secours des chrétiens d'outre-mer par le roi Philippe le Hardi, la Chartreuse de Sainte-Croix est devenue, depuis la Révolution, un simple village fort curieux à visiter, de même que les sites qui l'avoisinent sont aussi pittoresques que variés.

Mais, le 5 août 1896, le but des membres de la Diana n'était pas seulement d'admirer les beautés agrestes du paysage, mais surtout de visiter l'ancien monastère dans toutes ses parties et d'examiner les curiosités archéologiques qu'on espérait y retrouver.

Sous la conduite du curé de la paroisse, on visita ainsi successivement l'ancien réfectoire des pères, la chapelle des étrangers et des domestiques, la salle de la bibliothèque, le cabinet voûté des archives, puis, après avoir étudié les armoiries qui ornent la porte de plusieurs anciennes cellules servant aujourd'hui de logement aux familles qui peuplent ce village, on se rendit dans l'église, où l'on remarqua de curieuses stalles ornées de sculptures, et surtout une copie, non sans mérite, du célèbre Saint-Sébastien de

Mantegna, dont l'original est conservé dans l'église d'Aigueperse en Auvergne[1].

Mais cette église, construite à la fin du XVIIe siècle, ne pouvait retenir longtemps les visiteurs, car rien ne la distingue des monuments de cette époque. Pour des archéologues, mieux valait encore l'ancienne chapelle du XIIIe siècle, qui subsiste toujours derrière le chœur de l'église moderne, encore bien qu'elle ait été divisée en deux parties, dont l'une sert de sacristie, pendant que l'autre, l'ancien chœur, n'est plus aujourd'hui qu'un simple entrepôt, après avoir servi autrefois de salle capitulaire.

Ce chœur de l'ancienne église, éclairé au levant par une grande fenêtre ogivale géminée, fermée aujourd'hui à moitié, avait été voûté à l'origine, mais, sa voûte menaçant ruine et la paroisse ne

1. Plusieurs communications faites à divers recueils périodiques appelèrent, il y a quelques années, l'attention des artistes et des amateurs sur ce tableau, et l'on s'était demandé si c'était un original ou une simple copie de celui d'Aigueperse. Pour trancher la question posée à ce sujet, l'illustre peintre, M. Bonnat, membre de l'Institut, et M. de Tausia, conservateur des peintures au Musée du Louvre, chargés d'une mission spéciale par l'administration des Musées nationaux, se rendirent, en 1887, à Sainte-Croix, où ils reconnurent que l'église de l'ancienne Chartreuse ne possédait qu'une copie, remontant à la fin du XVIe siècle, du célèbre tableau de Mantegna. (Voy. *Gazette des Beaux-Arts* du 1er novembre 1886; la *Chronique des arts et de la curiosité* du 27 novembre 1886; la *Revue du Lyonnais*, 1886, t. II, p. 466, et 1887, t. III, p. 151.)

pouvant supporter les frais qu'exigeait sa consolidation, elle fut démolie en 1862, ce qui a enlevé au monument tout son caractère architectural.

Aussi, tout d'abord, l'attention des visiteurs se portait-elle seulement vers une baie étroite, ouverte obliquement dans le mur de droite, à la hauteur d'un premier étage. Car on savait que c'était par cette ouverture, pratiquée dans la direction de l'autel, que la fondatrice de ce monastère, Béatrix de la Tour, entendait la messe, de l'appartement qu'elle habita pendant les dernières années de sa vie et qui était situé sur l'emplacement du clocher actuel, bâti seulement en 1842.

On remarquait bien qu'en face d'une rosace, ouverte autrefois dans le mur septentrional et fermée depuis longtemps, avait été peint, dans un cercle de même dimension, un *Agnus Dei* couché sur l'Évangile, dernier reste bien distinct d'anciennes peintures, dont on n'apercevait plus, en divers endroits, que des traces confuses ; mais rien ne faisait prévoir d'abord que la curiosité de nos archéologues allait recevoir une satisfaction inattendue, quand, tout à coup, on s'aperçut que, sous un fragment détaché du badigeon recouvrant le mur oriental, apparaissaient quelques traces de peintures et même quelques lettres révélant l'existence d'une inscription.

Aussitôt, avec des instruments bien imparfaits, c'est-à-dire à l'aide de la lame de simples couteaux de poche, on essaie d'enlever la couche de badigeon, puis, après une heure d'efforts, on parvient à dégager l'inscription funéraire suivante, peinte en caractères gothiques majuscules, de couleur noire, sur un fond jaune ocré :

✠ HIC · IACET · NOBILIS · VIR · THEOBALDVS
DE VASSALLIACO
Q°NDAM · LVGDVNEN · ET · CAMERACEN · ECCLIE
ARCHIDIACONVS · VIENNEN · EB · ET · DYEN ·
CANONICVS · QVI · OBIIT · ANNO · DNI · M°CCC°XXVII
QVARTO · NONAS · IVLLII · CUI · ANIMA · P · DEI
MIAM · REQVIESCAT · IN · PACE · AMEN ·

Ici repose noble homme Thibaud de Vassalieu, en son vivant archidiacre de Lyon et de Cambrai, chanoine de Vienne, Embrun et Die, qui mourut l'an du Seigneur 1327, le quatre des nones de juillet. Que son âme, par la miséricorde de Dieu, repose en paix. Amen.

La découverte de cette épitaphe présentait un grand intérêt.

Si, en effet, on en connaissait l'existence, on n'en possédait qu'un texte incomplet et très imparfait, donné, pour la première fois, par le Père Menestrier, dans ses notes, encore inédites, sur l'histoire de l'église de Lyon et reproduit, de nos jours, sans aucun changement, soit par M. Péricaud, dans ses Notes et documents pour servir à l'histoire de Lyon, soit par Pierre Gras, dans son Recueil des inscriptions foréziennes du XI⁰ au XVIII⁰ siècle[1].

En outre, bien qu'on sût aussi, par cela même, que Thibaud de Vassalieu avait reçu sa sépulture dans l'ancienne église de la Chartreuse de Sainte-Croix, en vertu d'une disposition de son testament, conservé aux archives du Rhône, on ignorait absolument dans quelle partie de cet édifice il avait été inhumé. Car deux siècles s'étaient écoulés depuis que cette épitaphe avait disparu sous le voile grossier qui la recouvrait.

II.

Thibaud de Vassalieu, dont on venait de retrouver ainsi la sépulture, n'était point un de ces chanoines de Lyon, dont on ne connaît guère que le nom, la date de leur promotion et quelquefois celle de leur décès. Lui, au contraire, a joué un rôle important dans notre histoire lyonnaise au com-

---

1. Voici le texte donné par ces trois auteurs :

> *Hic jacet vir venerabilis Theobaldus*
> *De Versaliaco, quondam Lugdunensis*
> *Et Cameracensis archidiaconus, Viennensisque*
> *Et Diensis canonicus, qui obiit IV nonas*
> *Junii, anno M CCC XXVII.*

(Menestrier, *Notes pour servir à l'histoire de l'église de Lyon*, ms. de la bibliothèque de Lyon, n° 1320. — Péricaud, *Notes et documents pour servir à l'histoire de Lyon*, année 1327. — P. Gras, *Recueil des inscriptions foréziennes du XI⁰ au XVIII⁰ siècle* [*Revue forézienne*, année 1868, p. 207].)

mencement du XIVe siècle, et nous pouvons, après bientôt six siècles, reconstituer sa biographie presque tout entière.

A l'époque où il vivait, existaient deux familles portant le nom de Vassalieu, l'une dans le Forez, près de Chambles, l'autre dans la Bresse, près de Chalamont. Mais les documents produits soit par Guichenon, soit par Le Laboureur ne laissent subsister aucun doute sur son origine. Thibaud de Vassalieu appartenait bien à la famille bressane de ce nom.

Cette famille était ancienne, car son premier représentant connu, Pierre de Vassalieu, vivait en 1151. Mais Guichenon n'en a donné qu'une généalogie incomplète. Ainsi, il nous laisse ignorer même le nom du père de Thibaud de Vassalieu et nous apprend seulement qu'il avait trois frères : Étienne de Vassalieu, chevalier, seigneur de Vassalieu, Louis de Vassalieu, chanoine de l'église de Lyon, et Pierre de Vassalieu, sacristain de l'église collégiale de Saint-Paul, et deux sœurs : Clémence de Vassalieu, prieure de la Bruyère de 1302 à 1324, et Marguerite de Vassalieu, prieure de Ceyzérieu en 1300[1].

Dans son testament, Thibaud de Vassalieu nous apprend lui-même qu'il fut élevé dans l'église collégiale de Saint-Paul par son oncle, Guy de

---

1. Mss. de Guichenon, t. XX, n° 82. — C. Le Laboureur, *Mazures de l'Ile-Barbe* (nouv. édit.), t. I, p. 660 et 686.

Vassalieu, chanoine de cette église, qui vivait notamment en 1269 et 1273[1]. En 1284, il fut reçu chanoine-comte de l'église primatiale de Lyon, et, de bonne heure, nous le voyons prendre, dans le chapitre de cette église, une situation prépondérante. En l'année 1301, il est promu ainsi à la dignité de chantre; puis, au mois de septembre de la même année, Louis de Villars, archidiacre, ayant été élu archevêque de Lyon, il lui succéda dans cette dignité, et c'est à ce titre qu'il représente le chapitre de la primatiale, dans une foule d'actes où il figure soit comme témoin, soit comme arbitre, soit comme fondé de pouvoir.

Mais ces actes ne présentent qu'un intérêt secondaire, si on les compare au rôle que devait jouer Thibaud de Vassalieu dans la préparation de la réunion de Lyon à la France.

Philippe le Bel, qui était venu à Lyon en 1305 pour assister au couronnement du pape Clément V, avait compris bien vite qu'il pourrait tirer un parti habile de la division qui régnait, depuis de longues années déjà, entre l'église de Lyon et les habitants de la cité, pour arriver à soumettre directement le Lyonnais au domaine de la couronne.

Et c'est dans ce but que ce roi essaya d'abord de négocier un accord avec l'église. Cet accord fut

---

1. *Cartulaire lyonnais*, t. II, p. 315. — *Polyptyque de Saint-Paul*, p. 195.

consigné dans deux traités passés à Pontoise au mois de septembre 1307 et portant, dans notre histoire, le nom de Philippines. Or, ce fut pour les négocier et en arrêter les termes que l'archevêque et le chapitre de l'église de Lyon choisirent, dès le mois de janvier 1306, pour leur député, Thibaud de Vassalieu, archidiacre, pendant que le roi avait pour mandataire Pierre de Belleperche, évêque d'Auxerre.

A l'occasion des rapports qu'il dut entretenir ainsi avec Philippe le Bel, Thibaud de Vassalieu paraît avoir acquis une assez grande faveur auprès de ce prince, car c'est à lui que le roi conféra le droit de désigner les officiers de justice, précédemment à la nomination du chapitre, à savoir : le courrier, le juge et le chancelier. De même que c'est à lui encore qu'est attribué le privilège de nommer aux six prébendes qui devaient être fondées dans l'église de Lyon[1].

Mais ce qui est certain aussi, c'est que les avantages, accordés à l'église par ces traités, provoquèrent le mécontentement des citoyens de la ville de Lyon aussi bien que celui de la noblesse de la province. L'archevêque lui-même fut loin d'en être satisfait. Et ce fut pour sortir de cette situation inextricable qu'après un essai infructueux de résistance à main armée de la part du

---

1. P. Bonnassieux, *De la réunion de Lyon à la France*, p. 109 et 112.

nouvel archevêque, Pierre de Savoie, qui avait succédé à Louis de Villars, on dut renoncer à l'exécution des Philippines et mettre un terme à des difficultés sans cesse renaissantes, entre le pouvoir archiépiscopal et les citoyens de Lyon, par le traité du 10 avril 1312, qui vint consommer la réunion de Lyon à la France, en attribuant au roi toute la juridiction que l'église avait sur la ville de Lyon.

Tel fut le grand acte auquel Thibaud de Vassalieu prit une part directe et effective comme fondé de pouvoir de l'église, et c'est à ce titre que, le 22 avril suivant, il fut chargé de nouveau par le chapitre de régler, comme arbitre, les compensations qui lui étaient attribuées en échange des droits que lui enlevait le traité du 10 avril 1312[1].

Depuis cette époque et jusqu'en l'année 1324, le nom de Thibaud de Vassalieu continue à figurer encore dans divers actes concernant l'église de Lyon. Mais, quelque temps avant sa mort, il se démit de ses fonctions d'archidiacre en faveur de Guillaume de Sure son parent. Par son testament, qui porte la date du 23 mai 1327, il légua les deux tiers de sa succession à l'église de Lyon et un tiers conjointement à son neveu, Guillaume de Vassalieu, chantre, et à Guillaume de Sure, archi-

---

[1]. Bonnassieux, *De la réunion de Lyon à la France*, p. 171.

diacre, qu'il choisit, l'un et l'autre, pour ses exécuteurs testamentaires.

Thibaud de Vassalieu paraît avoir passé les derniers temps de sa vie à la Chartreuse de Sainte-Croix, où il mourut. Nous voyons, en effet, dans son testament, qu'il y possédait tout un mobilier qu'il légua à ce monastère. De même, c'est à Sainte-Croix qu'il élut sa sépulture, « devant la porte de l'ancienne chapelle » (*ante hostium antique capelle dicti loci*), expression qui nous étonne un peu, puisque la fondation de cette Chartreuse ne remontait pas encore à un demi-siècle. Quoi qu'il en soit, les Pères Chartreux tinrent, sans doute, à rendre à un aussi grand personnage l'honneur qui lui était dû, en plaçant son tombeau dans le chœur de l'église à gauche du grand autel.

D'ailleurs, les religieux étaient déterminés aussi par un motif de reconnaissance.

Par son testament, Thibaud de Vassalieu fit, en effet, plusieurs dispositions en faveur de la Chartreuse de Sainte-Croix. Il lui lègue d'abord la somme de 300 livres viennoises, dont les revenus devaient être employés à la nourriture des moines, le lundi de chaque semaine; puis sa maison de Saint-Genis-Laval, avec ses vignes situées au même lieu et à Saint-Andéol.

En outre, indépendamment du mobilier qu'il possédait à Sainte-Croix, il lui fait don de plusieurs livres de sa bibliothèque : sa Bible, les Sermons du frère Guillaume de Peyraud, le Pastoral de saint Grégoire, un volume des Épîtres et un autre des Évangiles.

Enfin il lègue à chaque religieux du monastère 15 gros tournois (*cum o rotundo*) pour servir à leurs besoins.

Ses libéralités en faveur des églises sont nombreuses. De même, divers legs de bienfaisance sont faits par lui à plusieurs hôpitaux de la contrée.

Un legs fait à son médecin, nommé Ponce, moine de Saint-Romain-le-Puy, nous confirme qu'au moyen âge plusieurs membres du corps médical appartenaient au clergé. C'est ainsi que le célèbre chirurgien Guy de Chauliac, qui vivait à la même époque, était chanoine du chapitre de Saint-Just de Lyon[1].

Le testament de Thibaud de Vassalieu est curieux à étudier au point de vue bibliographique. Bornons-nous à en citer ici un autre exemple : indépendamment des ouvrages déjà cités et des livres liturgiques légués par lui à diverses églises, nous remarquons notamment le livre intitulé : *Les Fleurs des saints* (*De Floribus sanctorum*), qu'il lègue à l'église primatiale, sous la condition qu'il sera attaché, avec une chaîne, derrière le grand autel de saint Jean. D'autres legs de ce même livre, faits par d'autres testa-

---

[1]. Humbert-Mollière, *Guy de Chauliac et la bataille de Brignais.* (*Revue du Lyonnais*, 1894, t. XVII, p. 166 et suiv.)

teurs sous la même condition, nous révèlent aussi qu'il jouissait d'une grande faveur au moyen âge[1].

Ajoutons enfin, comme un trait caractéristique des dispositions ayant pour objet des livres liturgiques, qu'elles sont toutes faites aux églises et aux monastères, sous la condition rigoureuse qu'ils ne seront point aliénés, sous peine de révocation[2].

Ce testament, étudié dans ses diverses parties, et dont nous n'avons donné qu'une faible analyse, nous fournit ainsi de curieux renseignements sur les mœurs et le degré de civilisation de cette époque. Il nous montre aussi, comme les actes de sa vie, que Thibaud de Vassalieu était un esprit large et éclairé, et il nous fait mieux comprendre encore qu'il fut à la hauteur du rôle qu'il a joué dans les actes qui préparèrent la réunion de Lyon à la France, c'est-à-dire dans l'événement le plus important de l'histoire de cette ville.

---

[1]. C'est ainsi que par son testament, en date du 10 juin 1433, messire Rostaing de Saint-Germain-Laval, prêtre juré de la cour de Forez, lègue à l'église paroissiale dudit lieu son livre appelé *Flores sanctorum,* à la condition que ledit livre sera enchaîné dans l'église par le luminier ou conservé de la manière la plus sûre. (Chaverondier, *Notice sur le recueil des testaments enregistrés en la chancellerie de Forez,* p. 64.)

[2]. Le testament de Thibaud de Vassalieu est conservé aux archives du Rhône, armoire Agar, vol. VI, n° 7.

III.

Tel était le personnage dont la Diana venait de retrouver la sépulture. Mais cette découverte devait en amener une autre encore plus intéressante.

En dégageant l'épitaphe de Thibaud de Vassalieu du badigeon qui la recouvrait, on avait découvert aussi deux écussons armoriés, peints alternativement, à plusieurs reprises, sur le mur septentrional de l'ancienne chapelle, ce qui révélait suffisamment que d'autres peintures devaient exister aussi dans la partie supérieure du monument.

Dans le but de les retrouver, un membre de la Diana, M. Favarcq, revenait quelques jours après à Sainte-Croix, où il continuait les recherches commencées le 5 août 1896 en enlevant, avec un soin et une persévérance méritoires, le badigeon qui recouvrait les deux parois formant l'angle nord-est du chœur de l'ancienne église.

Ce travail de patience, exécuté avec sagacité, aboutit à la découverte de quatre grandes peintures murales, dont les trois premières sont consacrées à rappeler le souvenir de la mort et des funérailles de Thibaud de Vassalieu, pendant que la plus importante représente la grande scène du crucifiement.

Dans le premier de ces tableaux, peint sur le

mur de gauche, Thibaud de Vassalieu est représenté mort et couché sur un lit d'apparat, que recouvre une riche draperie ornée des deux écussons déjà signalés. L'illustre défunt est revêtu de la dalmatique, vêtement distinctif des diacres, et sa tête est coiffée d'une mitre, comme en portaient les membres du noble chapitre de l'église de Lyon.

Au second plan, à droite, deux prélats, accompagnés de plusieurs membres du clergé, président aux funérailles, mitre en tête et la crosse à la main. A gauche, et près de la tête du défunt, un clerc tient une croix processionnelle, pendant qu'un autre agite l'encensoir et qu'un troisième tient un livre ouvert, dans lequel le premier prélat lit les prières de l'office des morts.

Et comme couronnement à cette scène, l'artiste a peint encore deux anges, qui enlèvent vers le ciel, sur une draperie dont ils tiennent chaque extrémité, l'âme du défunt, figurée par un jeune enfant nu, portant la tonsure et tenant les mains jointes [1].

A droite de ce premier tableau, et au-dessus de l'épitaphe déjà rapportée, est peinte sur un fond rouge, parsemé d'étoiles, une seconde scène, qui complète la première. Douze Pères Chartreux, précédés par l'un d'eux, le prieur sans doute, qui tient un livre ouvert dans ses mains, et par un novice portant une croix, sont représentés debout, chantant à haute voix, et tournés à gauche vers la scène des funérailles. Tous ces personnages sont bien dessinés dans leur costume réel et l'ensemble est plein de grâce et d'harmonie. De plus, l'artiste n'a point fait là une œuvre de fantaisie. Car le nombre des religieux de la Chartreuse était exactement de treize, y compris le prieur. Aussi serait-on tenté de voir dans le personnage, placé en avant du groupe, le portrait

---

[1]. Viollet-le-Duc signale une peinture semblable qui orne le tombeau de l'archevêque Pierre de la Jugée, dans le chœur de la cathédrale de Narbonne (1380). (*Dictionnaire d'architecture*, t. IX, v° *Tombeau*, p. 53.)

du prieur du temps, qui se nommait D. Guigue Rayllet.

J. Berger del. et photog

Dans le troisième tableau, peint sur le mur septentrional, au-dessus de la scène des funérailles, et sous un encadrement ogival, nous retrouvons encore Thibaud de Vassalieu, bien qu'il n'y occupe qu'une place secondaire, à genoux et dans une attitude suppliante. Saint Étienne, patron des diacres, que caractérise la dalmatique dont il est revêtu, le présente au Christ, assis sur un trône et tenant le globe terrestre de

J. Berger del. et phot.

la main gauche, pendant que la sainte Vierge, assise à sa droite et couronnée par un ange, est représentée les mains jointes et paraissant intercéder en faveur du défunt, de même qu'un Père Chartreux, figuré à gauche aux pieds de la Vierge, et dont la partie supérieure du corps a seule échappé aux dégradations subies en cet endroit par la peinture.

Mais la page la plus importante de cette œuvre d'art, par son exécution aussi bien que par ses dimensions, car elle mesure près de deux mètres de hauteur, est celle du *Crucifiement*. Ici, la scène

est grande et belle entre toutes. En face des édifices et des remparts crénelés de Jérusalem, qu'on aperçoit à l'arrière-plan, et sous un ciel azuré parsemé d'étoiles, se dresse la croix où l'Homme-Dieu se meurt. Or, dans cette œuvre, à laquelle l'artiste a mis tout son talent, nous ne trouvons plus la trace de l'influence de l'école byzantine, qui, pendant si longtemps, avait représenté le Christ sans vie et sans mouvement sur l'instrument du supplice. Ici, au contraire, la vie et l'émotion débordent. Car, si l'allégorie, chère aux vieux maîtres, apparaît encore dans ces anges ailés qui voltigent autour du divin crucifié, pour recevoir dans des coupes le sang qui jaillit de ses blessures, on sent vivement, à la vue de ce corps qui s'affaisse et se tord sous les étreintes de l'agonie, tout ce que souffre celui qui expire en s'écriant : « Mon Dieu! pourquoi m'avez-vous abandonné? »

Et cette vie et cette émotion, on les retrouve aussi au pied de la croix. Entourée des saintes femmes, la Vierge s'évanouit dans les bras de l'une d'elles, au cou de laquelle elle demeure suspendue[1], pendant qu'à droite saint Jean, tenant son livre d'Évangile de la main gauche, s'abandonne à la plus vive douleur, en appuyant tristement sa tête sur sa main droite, et qu'un centurion, vêtu comme un homme d'armes du moyen

---

1. Il n'est pas sans intérêt de signaler ici cette scène de l'évanouissement de la Vierge au pied de la croix, car on a prétendu parfois qu'elle ne se trouvait que dans les tableaux de quelques peintres modernes. — On peut consulter sur les peintures murales de Sainte-Croix le compte-rendu présenté à la Société de la Diana par M. Favarcq. (*Bulletin de la Diana*, t. IX, p. 293.)

âge, vivement impressionné par les prodiges dont il est témoin, tend son bras vers le Christ en s'écriant : « Celui-là était vraiment le fils de Dieu ! » comme l'exprime nettement l'inscription latine que l'artiste a eu soin d'ajouter lui-même à la peinture de cette scène, sous la forme suivante :

VERE · FI
LIVS · DEI
ERAT · ISTE

Sans en exagérer le mérite, nous pouvons dire que les peintures de Sainte-Croix sont dignes d'une sérieuse attention. Elles décèlent, sans doute, beaucoup d'inexpérience chez les peintres de cette époque ; la perspective est insuffisante ; le modelé des figures encore bien imparfait ; il reste de même de la gêne et de la raideur dans l'attitude des personnages. Mais cette attitude, néanmoins, est expressive ; les draperies sont agencées avec goût ; les personnages sont bien groupés ; aucune confusion ne règne dans l'ensemble des scènes retracées par l'artiste. Et c'est là, comme on l'a observé déjà, une qualité bien française dont nos grands maîtres garderont fidèlement la tradition.

Dans tous les cas, si l'on refuse de voir, dans les caractères de cette œuvre, l'influence de l'art italien, qui avait peu pénétré encore à cette époque dans nos pays, son état de conservation nous permet d'apprécier, mieux que partout ailleurs, les progrès que l'art de la peinture avait faits, en France, au commencement du XIV° siècle. Car il y a loin des peintures de Sainte-Croix à celles de Saint-Savin et d'Anzy-le-Duc.

Et ce qui ajoute à leur intérêt, c'est qu'elles sont datées par les deux écussons qui ornent la scène des funérailles. Car ces armoiries sont celles des deux exécuteurs testamentaires de Thibaud de Vassalieu : Guillaume de Vassalieu, son neveu, qui portait : *Fascé d'or et d'azur*, et Guillaume de Sure, son parent et son successeur dans les fonctions d'archidiacre de l'église de Lyon, qui avait pour armes : *D'or semé de billettes de sable au lion de même*[1].

Or, ces deux blasons, peints à Sainte-Croix, démontrent, d'une manière évidente, que la décoration de la tombe de Thibaud de Vassalieu fut faite par les soins et du vivant de ses deux héritiers et exécuteurs testamentaires, dont ils représentent, en quelque sorte, la signature. Et, comme

---

[1]. Les armes de Guillaume de Vassalieu sont exactement celles de Thibaud de Vassalieu, moins la bande que portait ce dernier. (Voy. Douët-d'Arcq, *Inventaire des sceaux*. *Revue forézienne*, année 1870, p. 266.) — Quant à celles de Guillaume de Sure, elles diffèrent ici, par la couleur du champ (*d'or* au lieu *d'argent*), de celles de la famille de Sure. Mais beaucoup d'exemples, et notamment celui de Thibaud de Vassalieu lui-même, nous apprennent que les chanoines de Lyon adoptaient fréquemment des armes qui différaient en tout ou en partie de celles de leur famille.

d'autre part, l'un d'eux, Guillaume de Sure, élu archevêque de Lyon en 1332, mourut en 1340, la date de ces peintures se place naturellement entre les années 1327 et 1340.

Resterait une dernière question à élucider : celle de savoir à quels artistes elles peuvent être attribuées. Est-ce à quelque peintre italien ? Rien ne permet de le supposer. Est-ce à un religieux du monastère ? Nous ne le pensons pas ; car les armoiries des deux exécuteurs testamentaires semblent démontrer qu'elles furent exécutées par un artiste du dehors, travaillant sur les ordres et aux frais de ces derniers.

Mais à cette époque il existait, à Lyon, des peintres en assez grand nombre. Dans sa savante étude sur les peintres de Lyon du XIVe au XVIIIe siècle, M. Natalis Rondot, correspondant de l'Institut, a retrouvé ainsi les noms de trente-six peintres établis à Lyon pendant le cours du XIVe siècle. Et, dans ce nombre, figure notamment un nommé Jean Canet, qui était *maître-peintre de l'église cathédrale de Saint-Jean*, en 1350, et qui eut pour successeur dans le même emploi le nommé Pierre de Sargues en 1362[1]. Or, cette qualité de peintre de l'église de Saint-Jean peut faire admettre volontiers qu'il ait été choisi par deux chanoines de cette église, pour

---

1. Natalis Rondot, *Les peintres de Lyon du XIVe au XVIIIe siècle,* p. 7 et 42.

décorer la tombe de Thibaud de Vassalieu. Quoi qu'il en soit, ce fait nous révèle qu'il existait à Lyon, au XIVe siècle, des artistes de talent, auxquels pouvaient être confiés des travaux de cette nature.

Ce n'est là, sans doute, qu'une simple présomption. Mais elle offre néanmoins assez de vraisemblance pour qu'il soit permis de penser que l'auteur des peintures de Sainte-Croix devait être lyonnais et que nous retrouvons peut-être ici l'œuvre la plus ancienne de l'école lyonnaise de peinture.

Imprimerie Daupeley-Gouverneur, à Nogent-le-Rotrou.

www.ingramcontent.com/pod-product-compliance
Lightning Source LLC
Chambersburg PA
CBHW070522050426
42451CB00013B/2813